2° R
9359

LES

MOTEURS ÉLECTRIQUES

A CHAMP MAGNÉTIQUE TOURNANT

PAR

R.-V. PICOU

Ingénieur des Arts et Manufactures

Supplément au **TRAITÉ DES MACHINES DYNAMO-ÉLECTRIQUES**

DU MÊME AUTEUR

PARIS

LIBRAIRIE POLYTECHNIQUE, BAUDRY ET C⁰, ÉDITEURS

15, RUE DES SAINTS-PÈRES, 15

MÊME MAISON A LIÉGE, RUE DES DOMINICAINS, 7

1892

Tous droits réservés.

LES

MOTEURS ÉLECTRIQUES

A CHAMP MAGNÉTIQUE TOURNANT

LES
MOTEURS ÉLECTRIQUES

A CHAMP MAGNÉTIQUE TOURNANT

PAR

R.-V. PICOU

Ingénieur des Arts et Manufactures

Supplément au TRAITÉ DES MACHINES DYNAMO-ÉLECTRIQUES

DU MÊME AUTEUR

PARIS

LIBRAIRIE POLYTECHNIQUE, BAUDRY ET C\ie, EDITEURS

15, RUE DES SAINTS-PÈRES, 15

MÊME MAISON A LIÈGE, RUE DES DOMINICAINS, 7

1892

Tous droits réservés.

NOTATIONS EMPLOYÉES DANS CET OUVRAGE

$i_1 i_2$ valeurs instantanées du courant dans chacun des circuits induits.

$\mathfrak{I}_0$ leur valeur maxima commune.

I leur valeur efficace commune.

i courant dans l'un des circuits inducteurs.

$\mathfrak{I}_1$ sa valeur maxima.

I_1 sa valeur efficace.

e_1 force é. m. instantanée aux bornes du circuit inducteur.

$\mathcal{E}_1$ sa valeur maxima.

f valeur instantanée du flux de force.

$\mathfrak{F}$ sa valeur maxima.

T temps périodique des courants inducteurs.

τ même quantité pour les courants induits.

Ω vitesse angulaire en tours par seconde, du champ inducteur.

ω valeur de $\dfrac{1}{\tau}\cdot$

φ et ψ retards, en secondes, des courants sur les forces électromotrices.

$\mathcal{M}$ moment du couple moteur.

M_1 et M_2 valeurs instantanées, au même instant des coefficients d'induction mutuelle des circuits mobiles sur l'un des circuits fixes.

M_0 leur valeur maxima commune.

L coefficient de self-induction de l'un des circuits induits.

L_1 même quantité pour l'un des circuits inducteurs.

LES
MOTEURS ÉLECTRIQUES
A CHAMP MAGNÉTIQUE TOURNANT

THÉORIE ET DÉTERMINATION DES ÉLÉMENTS DE CONSTRUCTION

La principe des moteurs à champ magnétique tournant date de trois années à peine, et déjà plusieurs applications remarquables en ont été réalisées. M. le professeur G. Ferraris par son mémoire à l'académie des sciences de Turin, et M. Tesla par ses études pratiques et ses brevets, ont ouvert la voie, dans laquelle nombre d'ingénieurs et de savants les ont suivis.

Le résultat de ces efforts a été la création de plusieurs modèles de ces moteurs, qui viennent, très à propos, relever le courant alternatif de l'état d'infériorité où il se trouvait sous le rapport de la conversion de l'énergie électrique en énergie mécanique. En outre, grâce à la facilité de conversion du courant alternatif, il a pu dépasser les distances auxquelles le courant continu avait dû être limité.

Selon toute apparence, ces moteurs vont se répandre rapidement à la suite des travaux de MM. Tesla, Hutin et Leblanc, von Dolivo-Dobrowolski, Brown. Aussi le moment semble-t-il propice de donner un exposé sommaire de leur théorie, et son application à la détermination de tous les éléments de construction. C'est ce que nous avons essayé de faire dans le présent travail, et nous espérons que les ingénieurs en apprécieront toute l'utilité.

I. — MACHINE ÉLÉMENTAIRE A CHAMP TOURNANT

1. — La machine élémentaire se compose de deux cadres fixes A et B (fig. 1), placés à angle droit l'un sur l'autre, et d'un autre

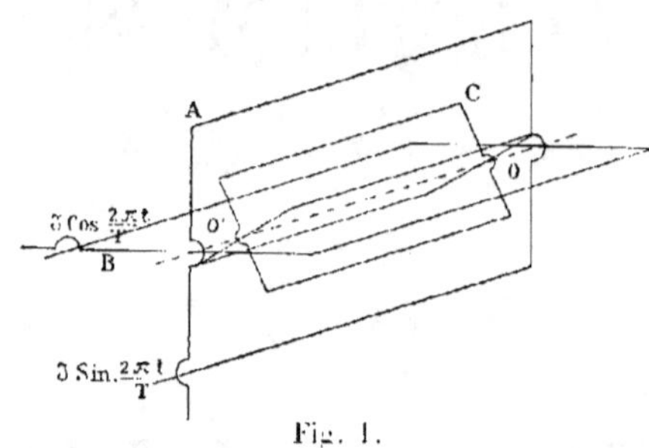

Fig. 1.

système de deux cadres c, semblablement placés, et susceptibles de tourner autour de la médiane comme oo' qui est l'axe de l'ensemble.

Le cadre A est parcouru par un courant de forme $i = \Im \sin \frac{2\pi}{T} t$, courant alternatif provenant d'une source quelconque ; et le second cadre B, par un courant de même intensité, mais décalé d'un quart de phase par rapport au premier, c'est-à-dire, en somme par un courant

$$i_2 = \Im \cos \frac{2\pi}{T} t.$$

2. Inducteurs. — Considérons d'abord les cadres fixes, et voyons quel est le champ magnétique produit par les courants périodiques, en un point situé sur l'axe.

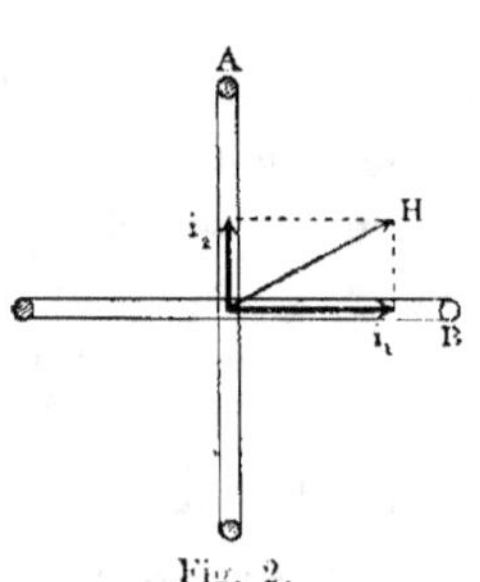

Fig. 2.

A un moment donné, le cadre A produit une composante i_1 normale à son plan, et proportionnelle à $\Im \sin \frac{2\pi}{T} t$. De même, B produit i_1, proportionnelle à $\Im \cos \frac{2\pi}{T} t$.

La résultante H a alors évidemment pour valeur :

$$H^2 = \Im^2 \left(\sin^2 \frac{2\pi}{T} t + \cos^2 \frac{2\pi}{T} t \right) = \Im^2$$

c'est-à-dire qu'elle est de grandeur constante, et qu'elle tourne autour de l'axe avec une périodicité égale à celle du courant alternatif qui l'engendre, et que nous appellerons courant inducteur.

Le système électrique fixe engendre donc un champ magnétique qui tourne tout d'une pièce autour de l'axe oo'.

Induit. — Il faut maintenant examiner ce qui se passe dans le système mobile; et pour cela envisager d'abord un seul des deux cadres.

Par suite de la variation du flux d'induction qui le traverse, il va être le siège de courants induits : par suite, il tend à prendre lui-même un mouvement de rotation dans le sens de celui du champ inducteur. Il est donc soumis à un couple dont nous calculerons la valeur.

Mais sa vitesse restera toujours inférieure à celle du champ : en effet, s'il pouvait atteindre cette dernière, la variation du flux dans son plan deviendrait nulle ; tout courant induit cesserait et le couple devenant nul, le mouvement tendrait à s'arrêter par suite des résistances passives.

Si nous appelons Ω la vitesse angulaire du champ inducteur, celle du système mécanique induit sera donc $\omega < \Omega$. Les courants sont induits par suite du retard ou *glissement* relatif $\Omega - \omega$, et leur fréquence sera bien évidemment égale à cette différence ; de telle sorte qu'en appelant τ la durée de leur période propre, on aura l'équation

$$\frac{1}{\tau} = \Omega - \omega. \qquad (1)$$

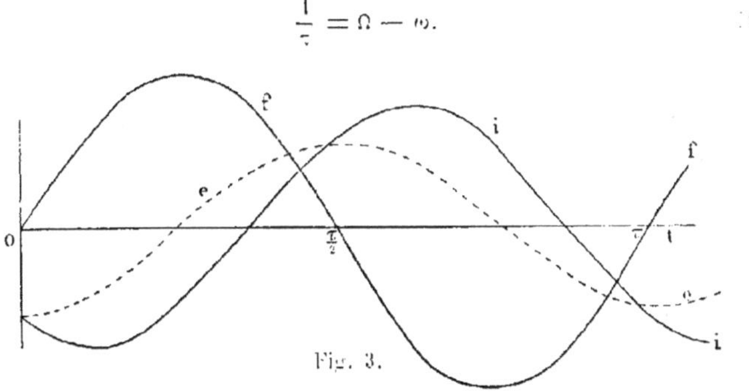

Fig. 3.

3. Expression du courant induit. — On prend comme origine du temps le moment où le flux est nul dans le plan du cadre induit que nous continuons à considérer seul (fig. 3). Ce flux f suivra alors la loi :

$$f = \mathfrak{F} \sin \frac{2\pi}{\tau} t$$

$\mathfrak{F}$ étant sa valeur maxima. Posons pour abréger $\dfrac{2\pi}{\tau} = m$.

On a alors

$$c = -\frac{df}{dt} = -m\,\mathfrak{F}\cos mt$$

et, avec

$$\operatorname{tg} m\varphi = \frac{m\mathrm{L}}{\mathrm{R}}$$

le courant est exprimé par

$$i = \mathfrak{I}_0 \cos(mt - \varphi) = \frac{\mathcal{E}}{\mathrm{R}} \cos m\varphi \, \cos m(t - \varphi)$$

4. Expression du couple. — Le couple est égal au produit du flux qui traverse le cadre par l'intensité du courant qui le parcourt : c'est-à-dire

$$\mathfrak{F}\sin mt \times i = \mathfrak{F}\,\mathfrak{I}_0 \sin mt \cos m(t - \varphi)$$

D'autre part $\mathfrak{I}_0 = \dfrac{\mathcal{E}}{\mathrm{R}} \cos m\varphi$ et, d'après ce qui précède, $\mathcal{E}$ valeur maxima de c est égale à $m\,\mathfrak{F}$.

Le couple sur l'un des deux cadres est donc

$$\frac{m\,\mathfrak{F}^2}{\mathrm{R}} \sin mt \cos m(t - \varphi) \cos m\varphi$$

Ce couple est lui-même périodique ; positif pendant la plus grande partie du temps, il est négatif à certains moments ; et, pour la machine ainsi réduite à un seul cadre induit, le mouvement serait pulsatoire.

Mais prenons le second cadre induit : tout s'y passe comme dans le premier, à un quart de phase d'intervalle, et l'expression du couple auquel il donne aussi naissance est

$$\frac{m\,\mathrm{F}^2}{\mathrm{R}} \sin\left(mt - \frac{\pi}{2}\right) \cos\left[m\left(t - \varphi\right) - \frac{\pi}{2}\right] \cos m\varphi$$

ou

$$\frac{m\,\mathfrak{F}^2}{\mathrm{R}} \cos mt \sin m(t - \varphi) \cos m\varphi$$

Le moment $\mathcal{M}$ du couple total résultant de l'action combinée des deux cadres est donc

$$\mathcal{M} = \frac{m\,\mathfrak{F}^2}{\mathrm{R}} \left(\sin mt \cos m(t - \varphi) + \sin m(t - \varphi) \cos mt\right) \cos m\varphi$$

c'est-à-dire, en somme

$$\mathcal{M} = \frac{m\,\mathfrak{F}^2}{R}\sin m\varphi\,\cos m\varphi$$

$$= \frac{m\,\mathfrak{F}^2}{R}\,\frac{\sin 2m\varphi}{2} \tag{2}$$

On peut également exprimer cette valeur en fonction de L, en remarquant que, par définition $m\,\mathrm{L} = \mathrm{R}\,\mathrm{tang}\,m\varphi$ et en remplaçant R par la valeur ainsi définie dans l'équation précédente, on obtient aisément l'expression

$$\mathcal{M} = \frac{\mathfrak{F}^2}{2\mathrm{L}}\,2\sin^2 m\varphi$$

$$= \frac{\mathfrak{F}^2}{2\mathrm{L}}\,(1 - \cos 2m\varphi) \tag{2'}$$

Le couple exercé sur l'ensemble des deux cadres rectangulaires est donc indépendant du temps : il est continu et le mouvement a perdu le caractère pulsatoire qu'il possédait avec un seul cadre. On va en comprendre facilement la raison, et comment le moteur ainsi constitué a un grand nombre de propriétés analogues à celles des moteurs à courants continus.

Champ tournant induit. — Les cadres induits sont, d'après ce qui précède, parcourus par des courants égaux et à quart de phase. Ils sont donc sous le rapport du flux induit qui leur est propre, exactement analogues aux cadres inducteurs, et comme eux, donnent naissance à un champ magnétique tournant.

Si l'induit était fixe, son champ tournerait avec une vitesse $\frac{1}{\tau}$ dépendant uniquement de la fréquence des courants qui le parcourent. Mais comme lui-même est entraîné avec la vitesse ω, le champ induit tournera dans l'espace, avec une vitesse $\frac{1}{\tau} + \omega$. Or, d'après (1), c'est précisément la vitesse Ω du champ tournant inducteur.

En conséquence, les courants inducteurs et induits donnent naissance à deux champs qui tournent dans l'espace avec une vitesse égale, et, pour ainsi dire, courent constamment l'un après l'autre.

Dans les moteurs à courants continus, l'on a au contraire deux champs fixes dans l'espace, la tendance de l'induit à venir se confondre avec celui de l'inducteur étant constamment contrariée par le jeu du collecteur.

L'analogie est donc assez complète. Toutefois le moteur à champs tournants possède sur son congénère à champs fixes un avantage très notable : il a une vitesse limite qui est celle même des champs magnétiques, telle qu'elle est déterminée par la fréquence du courant principal. Il possède donc les avantages combinés que présentent séparément les moteurs continus excités en série et en dérivation. Comme le moteur en série, il possède un couple considérable au démarrage ; et comme le moteur en dérivation, il a une vitesse limite qu'il ne peut guère dépasser, puisqu'à ce moment il commence à absorber du travail au lieu d'en restituer.

Cet ensemble de propriétés lui assure des qualités précieuses pour certaines applications industrielles.

Angle des champs. — La distance angulaire des champs est donc une constante. Elle est facile à déterminer (fig. 4 et 5) en

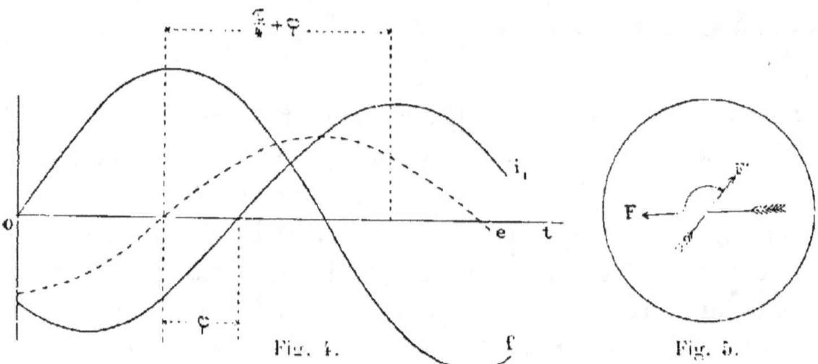

Fig. 4.   Fig. 5.

choisissant l'époque où i_2 courant dans le second cadre, est nul, i_1 seul produit le flux induit. La figure montre que le flux inducteur était maximum et de même sens un peu plus tôt que l'écart est

$$\frac{\tau}{4} + \varphi$$

et l'angle correspondant

$$\frac{2\pi}{\tau}\left(\frac{\tau}{4} + \varphi\right) = \frac{\pi}{2} + 2\pi\,\frac{\varphi}{\tau}$$

Maximum du couple moteur en fonction des données de construction. — Si l'on suppose que la vitesse angulaire ω de l'induit, en régime normal, est connue (et nous verrons plus loin les conditions qui la déterminent), la valeur de τ, durée d'une période des courants induits l'est aussi. Dans l'expression du couple

$$\mathcal{M} = \frac{m\,\mathcal{F}^2}{2R}\sin 2m\varphi$$

on peut donc considérer comme variables les données de construction, et notamment φ défini par $\operatorname{tg}\dfrac{2\pi}{\tau}\varphi = \dfrac{2\pi}{\tau}\dfrac{L}{R}$.

Le maximum du couple en allure normale sera atteint si l'on peut réaliser $\sin\dfrac{4\pi}{\tau}\varphi = 1$ c'est-à-dire,

$$\frac{4\pi}{\tau}\varphi = \frac{\pi}{2}\quad\text{ou}\quad\varphi = \frac{\tau}{8}$$

ce qui implique un retard d'un huitième de phase du courant sur la force électromotrice.

Alors $\operatorname{tg} m\varphi = 1$, c'est-à-dire que la condition sera remplie si l'on peut réaliser entre **L** et **R** la condition

$$\frac{2\pi}{\tau}L = R\quad\text{ou}\quad\frac{L}{R} = \frac{1}{2\pi}\tau$$

ou en d'autres termes, si l'on réussit à donner à la constante de temps $\dfrac{L}{R}$ de chaque cadre induit, une valeur égale à $0,159\,\tau$. On verra par la suite que la valeur de τ étant, en général, très élevée il sera difficile de remplir cette condition autrement que par des moyens extérieurs à l'induit.

Si le retard φ était nul, ou encore s'il atteignait $\dfrac{\tau}{4}$, le couple serait nul dans les deux cas, par suite de l'annulation de l'un ou l'autre des deux facteurs du produit.

Si l'on suppose remplie la condition $\dfrac{2\pi}{\tau}L = R$, le couple peut être exprimé par l'une ou l'autre des expressions

$$\mathcal{M} = \frac{\pi}{\tau}\frac{\mathcal{F}^2}{R}\quad\text{ou}\quad\frac{\mathcal{F}^2}{2L}\tag{3}$$

Valeurs du couple en fonction de τ. — Dans l'expression générale, on pourra au contraire prendre comme variable la durée τ

de la période des courants induits et voir ce que devient le couple. C'est la question du *démarrage en charge*.

On a :

$$M = \frac{\pi}{\tau} \frac{\mathcal{F}^2}{R} \sin 2m\varphi = \frac{m \mathcal{F}^2}{R} \sin m\varphi \cos m\varphi$$

Remplaçant les expressions trigonométriques par leur valeur, déduite de $\operatorname{tg} m\varphi = m \frac{L}{R}$, il vient

$$M = m \mathcal{F}^2 \frac{m L}{R^2 + m^2 L^2} = 4\pi^2 \mathcal{F}^2 \frac{L}{R^2 \tau^2 + 4\pi^2 L^2} \qquad (4)$$

Au démarrage, ω étant faible, τ est voisin de T et sa valeur est la plus faible possible. Le couple moteur est donc maximum à ce moment, et la machine peut démarrer en charge. En même temps l'intensité du courant induit est très élevée, et peut l'être au point de compromettre l'isolement; de telle sorte qu'on peut être amené à prévoir l'insertion, dans les circuits induits, de rhéostats ou bobines de réaction, destinés à empêcher cette intensité de prendre des valeurs exagérées.

Rendement électrique. — Si l'on laisse de côté le travail d'hystérésis dans le fer de la machine, et qu'on appelle W les watts mécaniques utiles, R la résistance et I le courant moyen dans l'un des cadres induits, R_1 et I_1 les mêmes quantités pour l'un des cadres inducteurs, on a :

$$\eta = \frac{W}{W + 2RI^2 + 2R_1 I_1^2}$$

Le terme $2 R_1 I_1^2$ peut être rendu faible en donnant au cuivre inducteur une section suffisante : le problème est le même que celui des inducteurs dans les machines à courant continu. Le négligeant, il vient :

$$\eta_1 = \frac{W}{W + 2RI^2} \qquad (5)$$

Or, nous avons trouvé pour le couple M, la valeur

$$M = \frac{\pi}{\tau} \frac{\mathcal{F}^2}{R} \sin 2m\varphi$$

De là :

$$W = \mathcal{M} \, 2\pi\omega = \frac{\pi}{\tau} \frac{\mathfrak{I}^2}{R} \sin 2m\varphi \, 2\pi\omega.$$

Quant à l'autre terme, on a :

$$2RF = RJ^2 = R \left(\frac{\mathfrak{I}^2}{R} \cos m\varphi \right)^2 = \frac{m^2 \, \mathfrak{I}^2}{R} \cos^2 m\varphi$$

ou, en mettant $\frac{\pi}{\tau} \frac{\mathfrak{I}^2}{R}$ en facteur, et remplaçant $\cos^2 m\varphi$ pour la valeur connue $\frac{1}{2} 1 (+ \cos 2 m\varphi)$, il vient :

$$2RF = \frac{\pi}{\tau} \frac{\mathfrak{I}^2}{R} \times \frac{2\pi}{\tau} (1 + \cos 2m\varphi)$$

D'où :

$$\rho_1 = \frac{\omega \sin 2m\varphi}{\omega \sin 2m\varphi + \frac{1}{\tau} (1 + \cos 2m\varphi)}$$

Enfin divisant par $\sin 2m\varphi$, et remplaçant $\frac{1}{\tau}$ par sa valeur $(\Omega - \omega)$, il vient finalement.

$$\rho_1 = \frac{\omega}{\omega + (\Omega - \omega) \cot g \frac{2\pi}{\tau} \varphi}$$

Si l'on a réalisé la condition $\frac{2\pi}{\tau} L = R$, la cotangente est égale à l'unité.

Dans tous les cas, ce rendement se rapproche d'autant plus de l'unité que ω est plus voisin de Ω. La vitesse correspondant au synchronisme est donc la limite de celles que peut atteindre l'induit d'un moteur de ce genre. Elle correspond au rendement intégral et au couple nul.

Les vitesses pratiques, corrélatives d'un rendement élevé, sont donc voisines du synchronisme.

On reconnaît facilement que la valeur de cotang $m\varphi$ influe peu sur la vitesse angulaire ω, et que, pour un courant inducteur de 50 périodes par seconde, pris comme exemple $(\Omega = 50)$, la valeur de ω, pour $\rho_1 = 0,96$ variera de 49,6 à 48,7 selon que cotang $m\varphi$ variera de 1 à 10.

On doit en conclure que la période τ définie par $\frac{1}{\tau} = \Omega - \omega$ sera toujours relativement longue : soit de 2,5 à 0,77 secondes dans le cas précédent.

La même formule φ_1 est encore susceptible d'une autre forme remarquable. En remplaçant dans son expression la cotangente par sa valeur, il vient simplement

$$\varphi_1 = \frac{\omega}{\omega + \dfrac{R}{L}}$$

où $\dfrac{R}{L}$ est l'inverse de la constante de temps $\theta = \dfrac{L}{R}$ de l'un des circuits induits. Cette formule met bien en évidence le rôle important que joue dans ces moteurs, comme dans ceux à courant continu, l'exactitude du bobinage induit et la dimension de l'entrefer (qui est un facteur de la valeur de L).

Réversibilité. — La formule (2), qui donne l'expression générale du couple :

$$\mathcal{M} = \frac{\pi}{\tau} \frac{\mathcal{F}^2}{R} \sin 2 \frac{2\pi}{\tau} \varphi$$

donne lieu aux remarques suivantes :

Le retard $\dfrac{2\pi}{\tau} \varphi$ du courant sur la force é. m. qui le produit a pour limites extrêmes 0 et $\dfrac{\pi}{2}$ $\left(\varphi = o \text{ et } \varphi = \dfrac{\tau}{4} \right)$. Le sinus est donc toujours positif. Cela posé, on peut écrire, en remplaçant $\dfrac{1}{\tau}$ par sa valeur :

$$\mathcal{M} = \frac{\pi}{R} \frac{\mathcal{F}^2}{} (\Omega - \omega) \sin 2 \frac{2\pi}{\tau} \varphi \qquad (6)$$

Tous les termes sont positifs sauf $(\Omega - \omega)$ qui est variable ; et le signe du couple sera le même que celui de $(\Omega - \omega)$. Donc, si par une action extérieure on accélère la rotation de l'induit, de telle sorte que ω vienne à surpasser Ω, la machine *absorbera* du travail au lieu d'en *restituer*; de moteur qu'elle était, elle devient donc génératrice, et les lois qui gouvernent son fonctionnement sont alors exactement les mêmes que celles que nous venons d'indiquer.

Il importe seulement de remarquer qu'une telle machine n'est pas auto-excitatrice. Elle ne peut fournir d'énergie électrique aux conducteurs auxquels elle est reliée qu'à la condition que ceux-ci soient alimentés d'autre part par des courants convenables.

Dans le fonctionnement en génératrice, il faudra calculer la vitesse de l'induit, de telle sorte que ω soit un peu supérieur à

Ω, mais en reste très voisin. L'expression du rendement reste la même que précédemment. Ce type de machine peut donc fournir aussi d'excellentes génératrices ; mais dans la pratique des applications faites jusqu'ici, on leur a préféré les machines alternatives ordinaires à deux circuits induits séparés à quart de phase. Ce sont très probablement des raisons de simplicité qui ont guidé dans cette voie ; car si, au contraire, on avait employé comme génératrice une machine à champ tournant, celle-ci devait être excitée par un alternateur ordinaire à circuits décalés ; mais ce dernier lui-même, requérant à son tour une excitatrice à courant continu, les ingénieurs ont évidemment reculé devant la complication de cette cascade de machines génératrices.

II. — MACHINES INDUSTRIELLES

Ayant établi par ce qui précède les formules principales de la théorie des machines à champ tournant, il faut maintenant en déduire les conditions du fonctionnement industriel, afin de pouvoir arriver au calcul des éléments des machines destinées à un travail donné.

Expression du couple en fonction du courant principal $\mathfrak{I}$. — Il faut d'abord exprimer les diverses quantités en fonction de l'intensité et de la force électromotrices principales, ainsi que des dimensions de la machine.

On a trouvé comme expression générale du couple en fonction de la résistance R et de la self-induction L de l'un des circuits induits, les expressions :

$$\mathcal{M} = \frac{m\,\mathfrak{F}^2}{2R}\sin 2m\varphi = \frac{\mathfrak{F}^2}{2L}(1 - \cos 2m\varphi) \qquad 7$$

Or, on peut remarquer que $\mathfrak{F}$, flux maximum, n'est autre que $M_{\cdots}\mathfrak{I}_{\cdots}$, produit du courant principal $\mathfrak{I}_1$ par le maximum du coefficient d'induction mutuelle d'un des circuits fixes sur un des circuits mobiles.

Ce coefficient est variable comme une fonction périodique du temps : il est nul lorsque le plan du circuit mobile est parallèle au flux inducteur, et maximum lorsqu'il lui est perpendiculaire.

On a donc (en supposant remplie la condition $mL = R$, c'est-à-dire sin $2\,m\,\varphi = 1$)

$$\mathcal{M} = \frac{m\, M^2\, \mathfrak{I}_1^2}{2\,R} = \frac{M^2\, \mathfrak{I}_1^2}{2\,L} \tag{8}$$

Il est encore facile d'exprimer la même quantité en fonction du troisième coefficient d'induction, celui de self-induction du circuit principal L_1. Mais, pour cela, il faut admettre l'hypothèse suivante :

On sait que les coefficients d'induction, self ou mutuelle, sont numériquement égaux au flux produit par l'unité de courant, qui traverse soit le circuit même (self-induction), soit l'autre circuit (induction mutuelle).

Or, la loi de répartition du flux dans l'espace n'est pas, en général, calculable *a priori*, et les valeurs de $M\,L\,L_1$ qu'il est facile d'introduire dans les calculs sont impossibles à calculer elles-mêmes d'une manière exacte. Mais on peut en connaître des valeurs approchées, péchant par excès, en assimilant les circuits réels à des solénoïdes de longueur indéfinie, ou du moins uniformément établis sur l'ensemble des pièces qui constituent le circuit magnétique.

Cette hypothèse se présente comme la plus voisine de la vérité dans les transformateurs à circuit de fer complet, convenablement dessinés et construits.

Mais là même, elle n'est pas entièrement exacte, et elle l'est moins encore dans les machines, où les exigences mécaniques imposent une répartition des fils beaucoup moins favorable à l'uniformité. Cependant, le mieux est encore d'admettre et d'appliquer ces hypothèses, quitte à introduire des coefficients de correction.

Ainsi, le flux émanant du circuit inducteur ne traverse pas, en totalité, le circuit induit, pas plus dans ces machines que dans celles à courant continu. Une partie du flux est perdue par les dérivations magnétiques. De même, le flux émanant d'un circuit ne traverse jamais complètement tous les fils dudit circuit, fait qui ne peut avoir lieu que dans des solénoïdes indéfinis ou fermés sur eux-mêmes.

Les termes M_{ia} LL_i seraient donc à affecter de coefficients numériques. On peut les établir, par l'expérience, sur une machine-type (c'est la méthode de M. Hopkinson), ou bien calculer à l'avance, si c'est possible, les dérivations magnétiques (c'est celle de M. Forbes). Dans tous les cas, on peut en tenir compte par l'emploi du coefficient r d'Hopkinson[1].

Sous ces réserves, nous rappellerons que l'on a les valeurs

$$\left. \begin{aligned} L &= 4\,\pi\,n^2 \;\frac{1}{\Sigma\left(\dfrac{v\,l}{\mu\,S}\right)} \\[2ex] L_i &= 4\,\pi\,n_i^2 \;\frac{1}{\Sigma\left(\dfrac{v\,l}{\mu\,S}\right)} \\[2ex] M_{ia} &= 4\,\pi\,n_i\,n \;\frac{1}{\Sigma\left(\dfrac{v\,l}{\mu\,S}\right)} \end{aligned} \right\} \qquad (9)$$

De cette relation ressortirait $M^2 = LL_i$, relation limite, qui n'est jamais rigoureusement satisfaite, mais que nous devons admettre sous le bénéfice des réserves signalées.

La quantité $\Sigma\,\dfrac{vl}{\mu S}$ est la somme des résistances magnétiques des différentes pièces de la machine, calculée comme il a été établi ailleurs pour les machines à courant continu. Seulement comme il s'agit ici de courants périodiques, on prendra des valeurs moyennes de la perméabilité μ des diverses pièces.

Si l'on remplace donc dans la formule (8) M L et L_i par leurs valeurs, on trouve de suite

$$M = 2\,\pi\,n_i^2\,\vartheta_i^2 \;\frac{1}{\Sigma\left(\dfrac{v\,l}{\mu\,S}\right)}$$

ou en fonction de l'intensité efficace

$$M = 4\,\pi\,n_i^2\,I_i^2 \;\frac{1}{\Sigma\left(\dfrac{v\,l}{\mu\,S}\right)} \qquad (10)$$

Force électromotrice aux bornes de la machine. — Il est nécessaire de posséder la valeur de la force e. m. capable de produire la circulation du courant I.

[1] On se rappellera que c'est le rapport du flux total engendré au flux utile. Il est donc plus grand que l'unité, et $(v - 1)$ F représente la fraction du flux qui se forme par les dérivations magnétiques en dehors des circuits induits.

Elle est exprimée par :

$$e_1 = R_1\, i + L_1\, \frac{di}{dt} + \frac{d\,(M_1\, i_1 + M_2\, i_2)}{dt} \qquad (11)$$

M_1 et M_2 sont les coefficients d'induction mutuelle des circuits mobiles sur le circuit fixe considéré.

Or, on a entre ces diverses quantités les relations :

$$i_1 = -\Im \cos m\,(t - \varphi)$$
$$i_2 = \Im \sin m\,(t - \varphi)$$

se rappelant que $m = \dfrac{2\pi}{t}$ et posant : $\alpha = 2\pi\omega$ on a aussi

$$M_1 = M_m \cos \alpha\, t$$
$$M_2 = M_m \sin \alpha\, t$$

En effet, le flux émanant d'un cadre fixe et qui traverse l'un des cadres mobiles est évidemment proportionnel au cosinus de l'inclinaison.

De là, on tire la valeur de

$$\frac{d\,(M_1\, i_1 + M_2\, i_2)}{dt}$$

en développant à l'aide des formules ci-dessus, et on la trouve égale à

$$(m + \alpha)\, M_m\, \Im \sin (m\, t + \alpha\, t + m\varphi)$$

Or

$$m = \frac{2\pi}{\tau} \quad \text{et} \quad \alpha = 2\pi\omega,$$

de sorte que

$$m + \alpha = 2\pi\left(\frac{1}{\tau} + \omega\right) = 2\pi\Omega = \frac{2\pi}{T}$$

et si l'on pose $\dfrac{2\pi}{T} = \beta$, on a finalement

$$e_1 = R_1\, i + L_1\, \frac{di}{dt} + M_m\, \Im\, \beta \sin (\beta t + m\varphi)$$

Maintenant, supposant toujours remplie la condition du maximum de couple, c'est-à-dire, dans le circuit induit $m\, L = R$, on en déduit ce qui suit :

Ayant $\mathfrak{J} = \frac{\mathcal{E}}{2m L} = L \frac{\mathfrak{F}}{\sqrt{2}}$, on remplace $\mathfrak{F}$ par sa valeur et on a

$$\mathfrak{J} = \frac{1}{\sqrt{2}} \frac{M_m}{L} \mathfrak{J}_1$$

D'autre part, comme

$$i = \mathfrak{J}_1 \sin \beta t$$

$$\frac{di}{dt} = \beta \, \mathfrak{J}_1 \cos \beta t$$

Enfin, la condition $m \, \mathbf{L} = \mathbf{R}$ implique $\varphi = \frac{\pi}{8}$, d'où $m \, \varphi = \frac{\pi}{4}$ et $\cos m \, \varphi = \sin m \, \varphi = \frac{1}{2}\sqrt{2}$

En faisant toutes ces substitutions dans l'équation (11), on trouve finalement :

$$e_1 = \left(R_1 + \frac{2\pi}{T} \frac{M_m^2}{2L}\right) \mathfrak{J}_1 \sin \frac{2\pi}{T} t + \frac{2\pi}{T} \left(L_1 - \frac{M^2}{2L}\right) \mathfrak{J}_1 \cos \frac{2\pi}{T} t \qquad (12)$$

Enfin, si l'on admet, comme approximation que la relation $M^2 = LL$ est satisfaite, l'équation se simplifie et devient

$$e_1 = \left(R_1 + \frac{2\pi}{T} \frac{L_1}{2}\right) \mathfrak{J}_1 \sin \frac{2\pi}{T} t + \frac{2\pi}{T} \frac{L_1}{2} \mathfrak{J}_1 \cos \frac{2\pi}{T} t \qquad (13)$$

Cette valeur peut elle-même être exprimée en fonction simple du temps, et devient

$$e_1 = \mathfrak{J}_1 \left(R_1 + \frac{2\pi}{T} \frac{L_1}{2}\right) \frac{\sin \frac{2\pi}{T} (t + \psi)}{\cos \frac{2\pi}{T} \psi}$$

avec l'avance ψ définie par

$$\text{Tang} \frac{2\pi}{T} \psi = \frac{\frac{2\pi}{T} \frac{L_1}{2}}{R + \frac{2\pi}{T} \frac{L_1}{2}}$$

Puissance fournie à la machine, et puissance fournie à l'induit, en fonction des éléments de construction. — Il est maintenant facile d'exprimer ces puissances :

Celle qu'apporte sous forme électrique le courant primaire à l'un des circuits est

$$W = \frac{1}{2} \mathcal{E}_1 \, \mathfrak{J}_1 \cos \frac{2\pi}{T} \psi$$

c'est-à-dire, en fonction de l'intensité efficace, et pour les deux circuits :

$$W = I^2_1 \left(2R + \frac{2\pi}{T} L_1 \right) \tag{15}$$

Or $2\,R\,I^2$ est le double de la dépense par l'effet Joule dans l'un des cadres inducteurs, et la puissance fournie à l'induit est

$$w = W - 2RI^2_1 = \frac{2\pi}{T} L_1 I^2_1$$

ou encore

$$w = \frac{2\pi}{T}\, 4\pi\, n_1^2\, I^2_1\, \frac{1}{\sum\left(\frac{rl}{\mu S}\right)} = \frac{8\pi^2}{T}\, n_1^2\, I^2_1\, \frac{1}{\sum\left(\frac{rl}{\mu S}\right)} \tag{16}$$

On obtiendrait le même résultat en exprimant que cette puissance est égale au produit du couple défini par l'équation (10), par la vitesse angulaire ω que l'on suppose égale à sa valeur limite $\Omega = \frac{2\pi}{T}$. Ce n'est là qu'une formule approximative, mais bien suffisante pour le calcul des éléments de construction, et ne pouvant donner lieu qu'à des erreurs qui sont tout à fait dans la limite des tolérances usuelles.

Il nous sera très facile, à l'aide de ces données, de procéder au calcul des éléments de construction : mais il est nécessaire auparavant, de voir par quelle série de considérations il est possible de passer de la machine élémentaire étudiée jusqu'ici, aux types industriels de moteurs, avec leurs exigences pratiques de toute nature.

Remarques relatives à la construction de l'induit. — Dans la machine simple élémentaire, qui a servi à établir les formules fondamentales relatives à ces moteurs, on a réduit à deux le nombre des cadres induits, ce nombre étant le minimum nécessaire pour réaliser un couple constant. Mais il est clair que rien ne s'oppose à ce qu'on multiplie leur nombre, ou en plaçant quatre, six, huit, et en général un nombre quelconque (fig. 6).

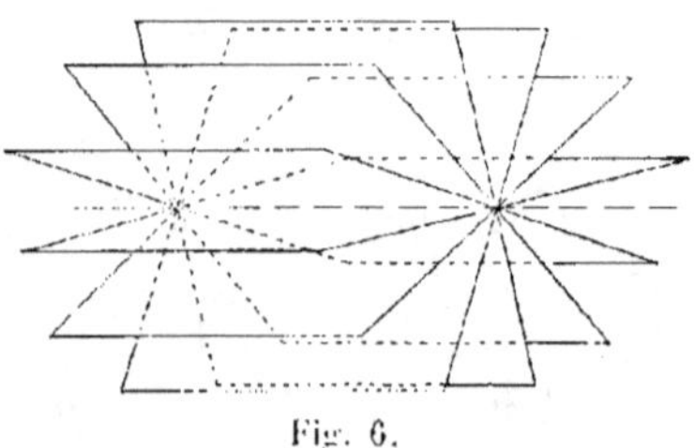

Fig. 6.

Le couple résultant sera la somme de ceux qui s'exercent sur

chaque paire de circuits placés en croix, considérée individuelle-
ment ; il n'y a, par suite aucune relation nécessaire entre le
nombre de ces circuits, et celui des pôles inducteurs et la fréquence du courant principal.

On peut même pousser plus loin encore la simplification de
l'induit.

En effet, chaque cadre ou circuit élémentaire constitue un
conducteur fermé, soumis à l'induction dans toutes ses parties.
Le courant qui prend naissance est limité par la self-induction
et la résistance, qui sont également les mêmes dans toutes les
parties du conducteur. Or, on sait que dans ces conditions, tous
les points d'un tel circuit sont au même potentiel.

Cela étant, il n'y a évidemment aucun inconvénient à donner
deux points communs aux deux cadres de la machine élémentaire
en les soudant entre eux par exemple, à leurs points de croise-
ment sur l'axe.

On peut agir de même avec tous les autres, et les souder soit
entre eux, soit les uns avec les autres ; et on arrive ainsi à la
forme que M. Brown a
donné à ses derniers mo-
teurs, où le cuivre induit
constitue une véritable
cage d'écureuil (fig. 7)
remplie par les tôles qui
forment le noyau magné-
tique induit. Les circuits

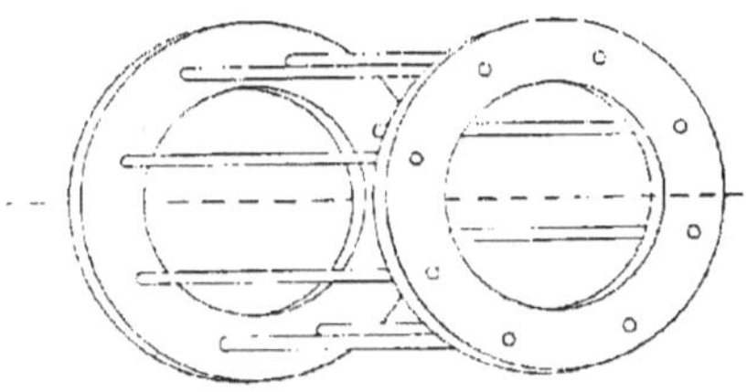

Fig. 7.

induits sont réduits à de simples barres de cuivre, reliées à leurs
deux extrémités à des bagues de même métal, qui leur sont communes à toutes, et qui équivalent pratiquement à la soudure à
leurs croisements de tous les cadres élémentaires.

A la limite, on peut même supprimer tout cuivre et constituer
l'induit par un simple bloc de fer qui devra alors être massif, et
non plus feuilleté, afin d'y permettre la circulation des courants
de Foucault qui sont les seuls courants induits du système. Cet
artifice a été employé par M. Dolivo-Dobrowolsky pour des
moteurs de faible puissance. Leur rendement est certainement
moins élevé, mais leur simplicité devient telle qu'on ne pourra

sans doute la dépasser, puisque la partie tournante de la machine se réduit à un bloc de fer massif monté sur un arbre, et qu'il n'est nullement nécessaire d'isoler.

Lorsque les induits seront munis de conducteurs en cuivre, ce qui sera le cas général, on devra chercher à réaliser autant que possible, la condition $\frac{2\pi}{\tau} L = R$, qui correspond au couple maximum. Mais on remarquera qu'il sera le plus souvent assez difficile d'y satisfaire.

La raison en est simple ; elle réside tout entière dans la valeur élevée de τ, valeur devant laquelle la constante de temps $\frac{L}{R}$ qu'on peut réaliser avec la quantité de cuivre qu'il est possible de loger dans l'entrefer est toujours très petite.

La valeur de τ est en effet ainsi qu'il est facile de le calculer, de l'ordre de la seconde, et la valeur du facteur $\frac{2\pi}{\tau}$ n'est pas très élevée. D'autre part, la valeur de L est limitée par la quantité de fil que l'on peut loger sur l'induit sans avoir un entrefer de dimension exagérée. Aussi, quelque faible que soit R, la condition $m\,L = R$ paraît difficile à remplir avec les fréquences des courants alternatifs usuels.

On ne gagnerait rien à chercher à modifier les conditions du bobinage. En effet dans un volume donné, à remplir de cuivre, le rapport $\frac{L}{R}$ est indépendant du bobinage, ses deux termes variant comme le carré du nombre de spires. Au point de vue pratique, à cause de la place prise par les isolants, ce seraient encore les gros fils qui seraient les meilleurs.

Prenons à titre d'exemple, la machine de MM. Hutin et Leblanc : la self-induction calculée était de 0,00725 quadrant, et la self-induction mesurée de 0,0118. La résistance correspondante était 0,091 ohm et par suite, on avait

$$\frac{L}{R} = 0^{s},13$$

L'auteur ne donne pas la valeur de τ, et dit seulement que la vitesse différait infiniment peu de celle du synchronisme. La valeur de τ correspondant au maximum du couple, donné par

$$\frac{\tau}{2\pi} = \frac{L}{R}$$

est de 0^m816, et la vitesse angulaire correspondante est de 81,78 celle du champ tournant étant 83. Ce calcul montre donc que la condition était approximativement remplie dans cette machine ; mais sans doute n'avait-elle pu l'être que grâce à la denture de fer, assurant une grande perméabilité au circuit et la possibilité de loger une grande quantité de fil induit.

Ces conditions d'emploi de la denture de fer se présenteraient donc comme avantageuses, si MM. Hutin et Leblanc ne leur avaient reconnu des inconvénients d'une autre nature : notamment de faciliter les dérivations magnétiques et de donner au moteur des points morts. Il semble cependant que ces inconvénients ne sont pas insurmontables ; et alors la denture apporterait des avantages très notables.

Les machines de M. Brown dans lesquelles les conducteurs induits sont constitués par des barres massives enfilées dans des trous très voisins de la circonférence, sont de véritables machines à denture ; et nous ne croyons pas, d'après ce que nous en connaissons, qu'elles comportent de points morts au démarrage.

La quantité de fer que l'on peut mettre dans l'induit, devra être aussi grande que possible, à l'inverse de ce qui a lieu dans les moteurs à courant continu.

En effet, la période de renversement étant très longue, l'énergie perdue en travail d'hystérésis y est très faible. Il n'y a donc pas d'inconvénient à mettre beaucoup de fer ; et d'autre part, il y a des avantages notables, tels que l'augmentation de la conductibilité magnétique totale de la machine, et la diminution des dérivations de flux. Le raisonnement à faire sur le fer induit est ici exactement le même que celui qu'on doit faire sur le fer de l'inducteur dans les machines continues.

Remarques relatives à l'inducteur. — De même pour l'inducteur, il faudra raisonner à l'inverse.

Les renversements y sont rapides, étant dus à la fréquence du courant inducteur. Aussi faut-il faire le circuit magnétique inducteur aussi court que possible, et c'est la pièce où l'on pourra consentir l'induction la plus élevée.

Cependant, et pour les raisons communes à tous les appareils à courants alternatifs, il est bon que celle-ci ne dépasse pas 10 000, si l'on veut éviter les chants ou les ronflements si désagréables de ces appareils. Les considérations de rendement conduisent également à une valeur analogue ; car le travail d'hystérésis par période augmentant comme une exponentielle de l'induction, il est préférable d'avoir un peu plus de fer moins saturé. Donc, le moins de fer possible dans l'inducteur, sans toutefois tomber dans les valeurs trop élevées de l'induction.

Remarques sur l'ensemble des moteurs. — Dans la machine élémentaire que nous avons prise pour servir à l'établissement des formules, la vitesse angulaire et la fréquence sont liées par la loi la plus simple possible : $\Omega = \frac{1}{T}$, c'est-à-dire que le champ magnétique fait un tour complet dans l'espace pendant la durée d'une période du courant inducteur. Avec les fréquences habituelles, une telle machine aurait une vitesse angulaire inusitée, compatible seulement avec un diamètre extrèmement réduit.

Mais le moyen simple de s'affranchir de cette condition consiste à employer des appareils multipolaires.

La machine élémentaire serait donc à modifier comme suit, pour arriver aux formes industrielles :

D'abord, il faut absolument laisser un passage à l'axe de rotation ; et pour cette raison, aux deux cadres en croix, on substituera quatre cadres, reliés deux à deux, et dont les plans envelopperont l'induit. C'est le type le plus simple, et il comporte quatre pôles distincts, au sens habituel de ce terme. Si l'on veut réduire la vitesse angulaire du champ à une valeur

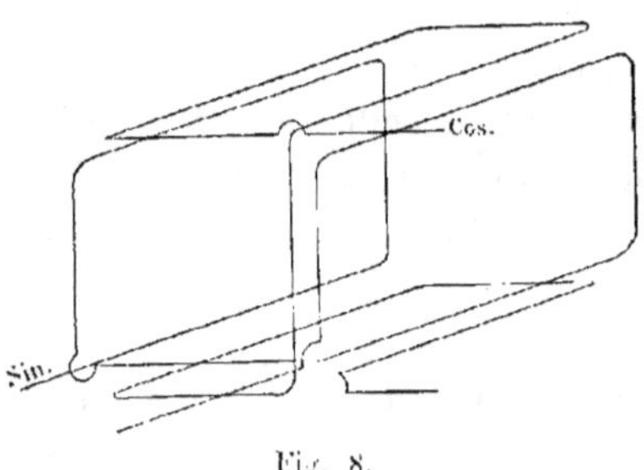

Fig. 8.

2, 3, ou n fois moindre que celle qui résulterait de cette forme primitive, il faut alors employer 4 multiplié par 2, 3 ou n pôles ou cadres inducteurs, disposés suivant le contour polygonal convenable.

L'induit, s'il est formé de circuits distincts devra recevoir une

division de bobinage tout à fait analogue. S'il est de la forme Brown, c'est-à-dire en cage d'écureuil (fig. 8 ci-dessus), il n'y a aucune modification de principe à lui apporter. Il est remarquable, en effet, pour des raisons faciles à saisir qu'un induit de ce genre peut être construit presque sans avoir égard à la subdivision de la carcasse inductrice. Les courants induits s'y établissent toujours, grâce aux jonctions des extrémités des barres, de façon à créer le contre-champ tournant sous l'influence du champ principal.

Cependant le diamètre desdites barres doit être en rapport immédiat avec la subdivision de l'inducteur.

La multiplication du nombre de pôles donne donc le moyen de proportionner la vitesse angulaire du champ suivant les sous-multiples de la fréquence du courant inducteur. Comme celle-ci est, en général, assez grande, il en résulte que toutes les vitesses angulaires de champ tournant, et par conséquent d'induit, sont pratiquement réalisables.

Les bobinages de toute nature sont applicables à ce genre de moteurs. L'anneau, le tambour, le disque, peuvent être mis à contribution : comme pour les machines à courant continu, leurs avantages sont divers.

Ainsi une machine dans laquelle l'inducteur serait formé d'un disque, et dans laquelle l'induit serait fixe, aurait une perte par hystérésis à peu près nulle. Cet avantage pourrait être de nature à donner la préférence à ce type, si l'on avait à réaliser des fréquences excessives. Mais l'emploi du disque conduit à une valeur de l'entrefer un peu élevée, augmentant les dérivations et la résistance magnétiques, et par conséquent les coefficients mesurés d'induction propre, aux dépens de celui de l'induction mutuelle.

L'anneau partage en partie cet inconvénient, du moins l'anneau lisse, puisque deux épaisseurs de bobinage, l'inducteur et l'induit, se trouvent dans l'entrefer. Les anneaux dentés peuvent donner lieu à des points morts; de plus, le couple n'est pas constant, mais prend un caractère pulsatoire qui peut se traduire par des vibrations dont les inconvénients sont multiples.

Ce qui paraît avoir jusqu'ici la préférence est le mode de bobinage à tambour, avec ou sans denture, tel qu'il a été appliqué aux machines de M. Dolivo-Dobrowolski à Francfort. L'induit peut être indifféremment à tambour polygonal, ou constitué d'après la forme Brown. Celle-ci, étant manifestement de beaucoup la plus simple, sera sans doute l'objet d'une préférence marquée dans la pratique industrielle.

L'induit ou l'inducteur peuvent être rendus mobiles; et il peut y avoir des raisons de préférer l'un ou l'autre. Dans les moteurs de petite puissance, il est avantageux de faire tourner l'induit : on se dispense ainsi de tout contact frottant et on réalise le moteur le plus simple du monde. Dans les machines plus grandes, on pourrait avoir intérêt à mettre l'inducteur à l'intérieur de l'induit, afin de diminuer la longueur de la partie du circuit magnétique qu'il renferme, et qui est soumise aux renversements. Alors des raisons mécaniques pourront conduire à ce que ce soit lui qui soit rendu mobile. Il en résulte la nécessité d'avoir des contacts frottants pour lui amener le courant, et leur nombre minimum est de trois. Cet inconvénient est très peu grave, surtout pour les machines puissantes, sur lesquelles s'exerce une surveillance effective. C'est sur ce dernier mode qu'ont été établies des machines de M. Dolivo-Dobrowolski, telles qu'elles ont fonctionné à l'exposition d'électricité de Francfort.

III. — DÉTERMINATION DES ÉLÉMENTS DE CONSTRUCTION

Pour établir un moteur à champ magnétique tournant, on a, en général, comme données :

La fréquence $\frac{1}{T}$ du courant principal ;

La puissance mécanique W_u à développer sur l'arbre ;

La vitesse angulaire de l'induit.

À l'aide de ces données, on peut calculer successivement :

Le nombre de pôles ;

Le couple ;

Le diamètre de l'induit ;

Le flux d'induction maximum ;

La section totale du fer inducteur ;

La longueur de la machine, parallèlement à l'arbre ;

La résistance magnétique de la machine ;

Le bobinage inducteur ;

Enfin le bobinage induit.

Nombre de pôles. — La vitesse angulaire de l'induit, en tours par seconde étant donnée, soit ω, le nombre de pôles p doit être le multiple de 4 (pour machines à deux phases) le plus voisin du nombre $\frac{1}{T\omega}$. Par exemple si $T = 0^{\cdot}02$ et $\omega = 3$ tours par seconde environ, on aura $\frac{1}{T\omega} = \frac{50}{3} = 16,6$, c'est donc 16 pôles qu'il faudra prendre, donnant un champ tournant quadruple, et on aura $\omega = 3,2$.

Le couple. — La puissance mécanique W, en kilogrammètre par seconde, étant connue, on a l'expression du moment du couple en kilogrammètres, en divisant W, par $2\pi\omega$. Dans le cas précédent. par exemple, s'il s'agit de transmettre 1 500 kilogrammètres par seconde, le couple sera

$$M = \frac{1500}{6,28 \times 3,2} = 72,5 \text{ kilogrammètres environ.}$$

Diamètre de l'induit. — On le choisit, à priori, et quitte à le modifier par la suite, en se basant sur la vitesse linéaire à la circonférence que l'on ne veut pas dépasser. Il est inutile d'insister sur ce point qui n'offre aucune particularité.

Longueur parallèlement à l'arbre. — C'est sur ce point que le constructeur devra faire appel à son expérience et à son jugement, en choisissant, à peu près arbitrairement, une cote de longueur qui lui paraisse devoir remplir à peu près les conditions requises. Toutefois, il pourra se guider dans ce choix par les mêmes considérations qui sont applicables à toutes les machines de ce genre, et notamment, par celle de la dissipation de la chaleur dégagée dans l'induit.

On supposera donc que cette chaleur, somme de celle d'hystérésis (qui est faible) et de celle due au courant, soit $R I^2$, s'élève à un tantième des watts utiles. On ne sera pas loin de la vérité en prenant 0,03 par exemple.

Cela étant, on pourra déterminer la longueur de la machine, c'est-à-dire celle d'une génératrice de l'induit, de telle façon que la surface rayonnante de celle-ci soit égale ou supérieure à 1 décimètre carré pour 15 ou 20 watts.

Une proportion analogue à celles des machines à courant continu doit d'ailleurs se rapprocher beaucoup des conditions favorables.

Flux maximum. — La surface extérieure de l'induit étant ainsi déterminée et le nombre de pôles connu, on en déduira facilement le flux maximum. En effet, on sait que pour éviter des dépenses trop élevées sur l'excitation, il faut que l'intensité du champ magnétique dans l'entrefer ne prenne pas de valeurs trop considérables.

On pourra limiter ce maximum à 4 000 par exemple, et en multipliant ce chiffre par le quart de la surface extérieure de l'induit, on aura une valeur très approchée du flux maximum possible. Il faut prendre comme base le quart de la surface de l'induit, parce que le flux est nul sous une série de pôles, pendant qu'il est maximum, alternativement entrant et sortant, sous l'autre (fig. 9).

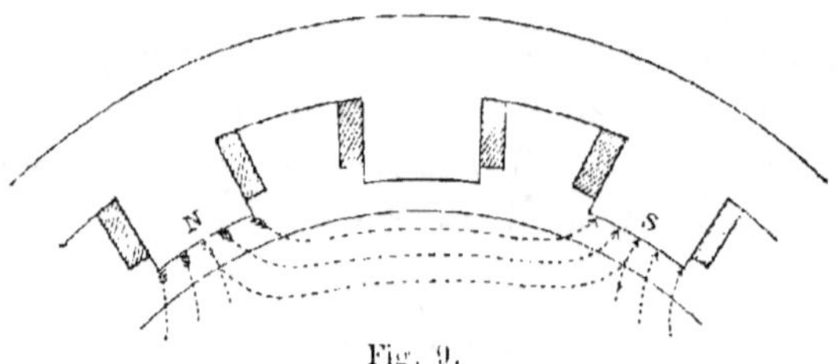

Fig. 9.

Toutefois, il semble probable que le flux s'épanouira très notablement à droite et à gauche des plages directement influencées, de sorte que le champ magnétique sera un peu moindre que le chiffre supposé; ou bien que le flux maximum sera un peu plus grand que celui qui va servir de base à la détermination des bobinages. Mais c'est là un de ces coefficients favorables dont le constructeur fera bien de garder le bénéfice, pour parer aux insuffisances qu'il est malaisé de chiffrer.

Section totale du fer. — Celle-ci, égale à la surface totalisée des sections droites faites dans le quart des inducteurs, est déterminée par la considération de l'induction maximum. On a déjà insisté précédemment sur ce point, en signalant la nécessité de ne pas dépasser la valeur 10 000. Encore cette valeur ne devra-t-elle être atteinte que dans les parties qui sont directement enserrées par le fil inducteur, afin de ne pas trop donner de longueur à la spire enveloppante.

Partout ailleurs, il sera bon de choisir des valeurs moindres, et notamment dans l'induit, où la lenteur des renversements rend négligeable le travail d'hystérésis.

Il sera bon d'appliquer le coefficient ν d'Hopkinson aux flux qui traversent les différentes parties de la machine, avant d'en déduire la section droite correspondante.

Conductibilité magnétique. — Toutes les dimensions du fer de la machine étant précédemment déterminées, et les flux étant connus, rien n'est plus simple que d'établir la valeur du terme $\Sigma \left(\frac{\nu l}{\mu S} \right)$.

On opère toujours comme il a été dit pour les machines continues : sous cette réserve qu'il faut prendre pour μ une valeur moyenne, égale par exemple à 0,7 de celle qui correspond au maximum d'induction dans la pièce considérée. La valeur de l'entrefer et celle des dérivations perdues s'établissent toujours conformément aux mêmes principes.

Il ne pourra y avoir de difficultés que dans le cas où le dessin de la machine serait tel que cette conductibilité magnétique serait périodiquement variable avec le mouvement de l'induit. Il faudrait alors évidemment encore prendre une moyenne, et la prendre plutôt trop faible que trop forte.

Bobinage inducteur. — La formule (16) nous a donné pour la puissance transmise à l'induit :

$$ w = \frac{8\pi^2}{T} n_1^2 I_1^2 \frac{1}{\Sigma \left(\frac{\nu l}{\mu S} \right)} \tag{16} $$

Dans celle-ci, tout est connu maintenant, sauf les ampères-tours efficaces, qui sont égaux à 10 n I.

En général c'est la force e. m. disponible E_1 qui est donnée. Or, dans l'expression de celle-ci donnée par la formule (14), on peut remplacer le $\cos \frac{2\pi}{T} \varphi$ par sa valeur ; puis on peut négliger R. devant $\frac{2\pi}{T} \frac{L_1}{2}$, ce qui est aussi légitime ici que dans un transformateur, et on arrive à l'expression suivante de la force e. m. efficace

$$E_1 = \frac{8\pi^2}{T\sqrt{2}} n_1^2 I \frac{1}{\Sigma\left(\dfrac{rl}{2S}\right)} \tag{17}$$

Il est alors facile d'éliminer I entre ces quantités et d'en déduire le nombre n des spires inductrices :

$$n_1^2 = \frac{ET^2}{4\pi^2 w} \Sigma\left(\frac{rl}{2S}\right) \tag{18}$$

La section du fil sera choisie de telle sorte que la chaleur dissipée par l'effet **Joule**, ne dépasse pas 0,03 ou 0,04 de la puissance utile ; on s'assure en outre que la surface rayonnante est suffisante pour assurer la dissipation. Pour des organes fixes, l'expérience prouve qu'il ne faut pas dépasser 6 à 8 watts par décimètre carré. pour que la température reste dans les limites de sécurité. Si une partie de la carcasse qui reçoit ces fils est violemment balayée par la ventilation due à la rotation de l'induit, on pourra adopter une valeur moyenne entre les 15 à 20 watts par décimètre carré rayonnés par les organes mobiles, et les 6 à 8 rayonnés par les parties fixes. C'est une question d'appréciation dans chaque cas particulier.

Bobinage de l'induit. — Celui-ci doit être calculé de manière à assurer, autant que possible, le maximum du couple en allure normale. Cette condition est remplie lorsqu'on a :

$$\frac{2\pi}{\tau} L = R$$

Malheureusement il est difficile de connaitre la valeur de τ, pour une charge donnée, ainsi qu'on l'a vu précédemment. Cependant, on ne sera pas loin de la vérité, en supposant, conformément à l'expérience acquise sur les moteurs déjà construits, que l'écart de vitesse entre la marche à vide et la marche en pleine charge est de 0,03 de la vitesse du champ. Par suite, si p est le nombre total de pôles de la machine, la relation :

$$\frac{1}{\tau} = \frac{\Omega - \omega}{i\,p}$$

donnera :

$$\frac{1}{\tau} = \frac{0,03\,\Omega}{i\,p}$$

La valeur de τ étant ainsi connue, on exprimera ensuite L et R comme suit :

$$L = 4\pi\,n^2\,\frac{1}{\Sigma\left(\frac{el}{2S}\right)}$$

$$R = \rho\,\frac{\lambda}{s}\,n^2$$

ρ étant la résistance spécifique du cuivre, λ la longueur moyenne d'une spire et s la section *totale* du cuivre d'une spire.

On a alors :

$$\frac{\tau}{2\pi} = \frac{4\pi}{\frac{\rho\lambda}{s}\,\Sigma\left(\frac{el}{2S}\right)}$$

d'où la section totale inconnue :

$$s = \rho\lambda\,\frac{T}{8\pi^2}\,\Sigma\left(\frac{el}{2S}\right)$$

On a vu précédemment qu'il est indifférent, théoriquement, de répartir cette section totale en un nombre quelconque de spires; et que pratiquement les plus fortes sections sont les meilleures, c'est-à-dire qu'on a intérêt en général à faire $n = 1$.

On remarquera l'analogie extrême de cette formule avec celle qui donne la section du fil d'excitation d'une machine shunt, formule que nous avons établie ailleurs, et qui est

$$s = \rho\lambda\,\frac{(ni)}{e}$$

ou bien, en y mettant en évidence les données de construction

$$s = 3\lambda \cdot \frac{\frac{F}{r}}{4\pi} \cdot \Sigma\left(\frac{cl}{\mu s}\right)$$

les termes $\frac{T}{2\pi}$ et $\frac{F}{r}$ étant homogènes, et ayant exactement la même signification dans les deux formules.

Il faudra encore vérifier si la chaleur dégagée dans l'induit par effet Joule trouve bien une surface d'émission suffisante, et ne dépasse pas la quantité assignée.

Les éléments de construction d'un moteur à champ tournant sont ainsi complètement établis. Si une première application numérique conduisait à des dimensions incompatibles entre elles, ou avec les nécessités de la construction mécanique, l'ingénieur devrait modifier ses hypothèses primitives, et reprendre son calcul pour parvenir à un type d'une conception irréprochable.

Courants diphasés et triphasés. — Toutes les déterminations qui précèdent ont été établies dans l'hypothèse d'emploi du courant à deux phases. Elles restent les mêmes lorsqu'on emploie le courant à trois phases tels que l'appliquent MM. Dolivo-Dobrowolski et Brown, sauf que le champ tournant a pour valeur non plus une fois, mais bien une fois et demie celle que produit le courant maximum dans l'un des circuits inducteurs. Il n'est donc nullement nécessaire d'insister sur ce point. Il n'entre pas dans le cadre de cette étude d'examiner les modes de production des courants polyphasés, ni leurs propriétés. Nous signalerons seulement pour mémoire l'emploi des transformateurs signalé par M. Ferraris ; celui des bobines inductrices à constantes de temps très différentes, de M. Tesla ; celui des condensateurs, de MM. Hutin et Leblanc. Le lecteur désireux de plus amples détails sur ces divers points devra se reporter aux travaux dont la bibliographie est indiquée ci-après.

BIBLIOGRAPHIE

FERRARIS. — *Atti della R. Academia delle Scienze di Torino*, t. XXIII. p. 360.

TESLA. — *Lumière Électrique*, t. XXIX, n° 28; t. XXXV, n°s 3-10.

HUTIN ET LEBLANC. — *Lumière Électrique*, t. XL, n° 18 à 23.
Bulletin de la Société internationale des Électriciens, juillet et août 1890.

VON DOLIVO-DOBROWOLSKI. — *Lumière Électrique*, t. XLI, n°s 34, 36, 39

F. GÉRALDY. — *Lumière Électrique*, t. XLI, n° 27.

E. HOSPITALIER. — *Bulletin de la Société internationale des Électriciens*, novembre et décembre 1891.
Société de Physique, juillet 1891.

G. KAPP. — *Lumière Électrique*, t. XLI, n° 39 et suivant.

SARULKA. — *Lumière Électrique*, t. XLII, n°s 44-45

GOERGES. — *Lumière Électrique*, XL, n°s 17-18.

ÉVREUX, IMPRIMERIE DE CHARLES HÉRISSEY

LIBRAIRIE POLYTECHNIQUE, BAUDRY, ET Cie, ÉDITEURS

Paris, 15, rue des Saints-Pères. — Liège, rue des Dominicains, 7.

EXTRAIT DU CATALOGUE

Aguillon	Législation des mines. 3 vol.	40	»
Barberot	Traité pratique de serrurerie	25	»
Bechmann	Distribution d'eau, assainissement	30	»
Bell	Fabrication du fer et de l'acier	15	»
Bocquet	Cours de mécanique appliquée	5	»
Borias	Fabrication du gaz	25	»
Burat	Cours d'exploitation des mines. 1 vol. et 1 atlas	80	»
—	Géologie de la France	16	»
Cadiat et Dubost	Électricité industrielle	15	»
Cadiat	Manuel pratique de l'électricien	7	50
Carte géologique	de la France au 80 millième. 267 feuilles à 6 fr. chacune en feuille et à 10 fr. collées sur toile et pliées	»	»
Carte géologique	de la France au millionième. En feuilles, 9 fr. 50; collée sur toile et pliée	15	»
Carte géologique	des environs de Paris. En feuilles, 15 fr. ; collée sur toile et pliée	25	»
Chalon	Le tirage des mines par l'électricité	7	50
Chauveau	Traité théorique et pratique des moteurs à gaz	15	»
Cornut	Distribution de la vapeur. 1 vol. et 1 atlas	15	»
Costa	Traité de l'air comprimé	5	»
Coste et Maniquet	Traité des machines à vapeur. 1 vol. et 1 atlas	25	»
Delahaye	L'année électrique	3	50
Denfer	Traité des chaudières à vapeur	50	»
Dubosque	Murs de soutènement et ponts en maçonnerie	10	»
Durand-Claye	Chimie appliquée à l'art de l'ingénieur	10	»
Flamant	Résistance des matériaux	25	»
Fleeming Jenkin	Manuel élémentaire d'électricité	2	»
Fontaine	Éclairage à l'électricité	16	»
—	Éclairage électrique de l'Exposition de 1889	25	»
—	Électrolyse	»	»
—	Transmissions électriques	3	»
Frœlich	Machines dynamo-électriques	10	»
Gariel	Physique. 2 vol.	20	»
Hugon	Raffinage électrolytique du cuivre noir	1	50
Huguenin	Aide-mémoire de l'ingénieur	15	»
Jagnaux	Aide-mémoire du chimiste	15	»
—	Traité d'analyse chimique	20	»
Lucas	Traité pratique d'électricité	15	»
Mathieu	Manuel du chauffeur-mécanicien	16	»
Monnier	Électricité industrielle	20	»
Niaudet	Traité de la pile électrique	7	50
Nivoit	Géologie appliquée. 2 volumes	40	»
Oppermann	Agenda de poche, relié en toile, 3 fr. ; en cuir	5	»
Petit	Aide-mémoire des conducteurs des ponts et chaussées	15	»
Picou	Traité des machines dynamo-électriques	12	50
Pinet	Histoire de l'École polytechnique	25	»
Preece et Maier	Le Téléphone	15	»
Renard	Chimie appliquée à l'industrie	20	»
Reynier	Traité de l'accumulateur voltaïque	6	»
—	Des voltamètres-régulateurs zinc-plomb	1	25
Rivot	Docimasie. 5 vol.	50	»
Thompson	Les machines dynamo-électriques	»	»
Vaschy	Traité d'électricité et de magétisme. 2 vol.	25	»
Weber	Problèmes sur l'électricité	6	»
Wunschendorff	Traité de télégraphie sous-marine	40	»

ÉVREUX, IMPRIMERIE DE CHARLES HÉRISSEY

www.ingramcontent.com/pod-product-compliance
Lightning Source LLC
La Vergne TN
LVHW021644170726
843501LV00007B/2420